SPELTHEORIE

De kunst van het strategisch denken

	B Betrays	Stays silent
A Betrays	Each serves 2 years	A = free B = 3 years
Stays silent	A = 3 years B = free	Each serves 1 year

SPELTHEORIE

De kunst van het strategisch denken

geschreven door Jean Blaise Mimbang
vertaald door Nikki Claes

SPELTHEORIE

BELANGRIJKE INFORMATIE

- **Namen:** speltheorie, strategische gedragstheorie, interactieve beslissingstheorie

- **Toepassingen:** rechtvaardiging van sociale wetten en normen om samenwerking binnen een groep te handhaven, politieke besluitvorming, inzicht in machtsverhoudingen bij onderhandelingen, conflictanalyse, vertrouwen binnen een groep genereren, logica en verzamelingenleer, economie, biologie, informatica en evolutietheorie.

- **Redenen voor haar doeltreffendheid:** speltheorie is een uitstekend instrument voor onderhandelingen, omdat het ons aanmoedigt na te denken over de complexiteit van sociale interacties en laat zien dat:

  - individuen, bedrijven en landen wederzijds afhankelijk zijn van elkaar;

  - interactie gunstig is voor het oplossen van gemeenschappelijke problemen;

  - samenwerking niet gemakkelijk uit te voeren is;

  - in sommige gevallen, waarin elk individu in zijn eigen belang handelt, het gemeenschappelijk belang niet kan worden bereikt;

- er verschillende manieren zijn om strategische keuzes te maken in een coöperatieve situatie.
- **Trefwoorden:**
  - Interactie: een collectieve actie waarbij een speler een actie uitvoert of een beslissing neemt die door een andere speler wordt beïnvloed.
  - Strategie: een volledige specificatie van het gedrag van een speler in elke situatie waarin hij moet spelen.

INLEIDING

Elke dag hebben alle agenten (dieren, natuurlijke en rechtspersonen of economische agenten, waaronder politici, consumenten, werkgevers en fabrikanten) en gemeenschappen (sportteams, landen, legers, …) interactie met elkaar bij het nemen van beslissingen. Deze interacties kunnen variëren van samenwerking tot conflict.

Het gebied van de speltheorie is zeer breed en de toepassingen ervan zijn te vinden op uiteenlopende gebieden zoals internationale betrekkingen, economie, politieke wetenschappen, filosofie en geschiedenis. Deze theorie ontwikkelt de instrumenten om (economisch, sociaal, …) gedrag te analyseren in de vorm van strategiespellen.

Geschiedenis

De eerste analyses van strategiespelen dateren uit de renaissance. Het duurde echter tot de 19de en 20ste eeuw voordat een theorie over dit onderwerp echt geformaliseerd werd. Tot de speltheoretici uit die tijd behoren met name de wiskundigen en economen Antoine Augustin Cournot, Émile Borel, John von Neumann, Oskar Morgenstern en John Forbes Nash. Hun respectieve bijdragen zullen in het volgende deel nader worden onderzocht.

GOED OM TE WETEN: DE RENAISSANCE

De renaissance was een Europese beweging die zich uitstrekte van de late middeleeuwen tot de vroegmoderne periode. Zij werd gekenmerkt door een mentaliteitsverandering op literair, artistiek en wetenschappelijk gebied en door de verspreiding van kennis onder geleerden. De renaissance begon in Italië en verspreidde zich vanaf de 16de eeuw over heel Europa.

Definitie van het model

De speltheorie bestudeert de gevolgen van strategische interactie tussen rationele agenten (spelers) die hun eigen unieke doelstellingen nastreven, binnen een duidelijk omschreven kader. Deze interacties omvatten onder meer onderhandeling, concurrentie, wederzijdse bijstand en het leveren van een goed of dienst, allemaal mogelijke acties die tot een resultaat leiden. Het resultaat resulteert in een beloning, positief of negatief, voor elk individu dat aan het spel heeft deelgenomen.

Het doel van deze theorie is aan te tonen dat individuen, bedrijven en zelfs landen onderling afhankelijk zijn en dat het in hun belang is een evenwicht te vinden zodat hun interacties voor iedereen gunstig zijn. Deze theorie zet ons er ook toe aan te beseffen dat, ook al is samenwerking niet gemakkelijk, het beter is haar te begrijpen dan haar te bestrijden.

THEORIE

SPELTHEORIE EN HAAR FILOSOFEN

Het begin van de speltheorie is, strikt genomen, te vinden in het werk van wiskundigen uit de eerste helft van de 19de eeuw.

Antoine Augustin Cournot

De eerste persoon die de strategische aspecten van interacties tussen economische agenten bestudeerde, was Antoine Augustin Cournot (Frans wiskundige, filosoof en econoom, 1801 - 1877). Zijn boek "Researches into the Mathematical Principles of the Theory of Wealth" uit 1838 bevat het begin van de speltheorie, die later in de jaren 1950 werd ontwikkeld. Hij analyseert de verschillende vormen van concurrentie in duopolies (een markt met twee concurrerende verkopers) en in de specifieke context van het Nash-evenwicht (tussen fabrikanten), waarvoor hij de eerste formuleringen geeft.

 **GOED OM TE WETEN:** *ONDERZOEKEN NAAR DE WISKUNDIGE BEGINSELEN VAN DE THEORIE VAN DE RIJKDOM*, **1838**

Hoewel het volledig werd genegeerd toen het voor het eerst werd gepubliceerd, kwam dit boek uit de vergetelheid door het werk van John Forbes Nash (Amerikaans econoom en wiskundige, 1928 – 2015) over de herhaalde speltheorie in 1950. Tegenwoordig is de Cournot-competitie een model gebaseerd op de analyse van imperfecte concurrentie in de industriële economie.

Francis Ysidro Edgeworth

Terwijl Cournot de strategische interacties tussen twee productieve bedrijven analyseerde, breidde de Anglo-Ierse econoom en jurist Francis Ysidro Edgeworth (1845 – 1926) deze redenering uit en paste het model toe op gevallen van economieën zonder productie. In "Mathematical Physics: An Essay on the Application of Mathematics to the Moral Sciences" (1881) ontwikkelde hij een instrument om de interacties tussen twee niet-productieve economische agenten weer te geven: de *Edgeworth box*. Dit boek markeerde de introductie van wiskunde in de economie.

 **GOED OM TE WETEN: DE EDGEWORTH BOX**

Met dit kader kunnen de gebruikers zowel de mogelijkheden voor de verdeling van middelen tussen twee entiteiten analyseren als nagaan of deze verdeling ideaal is volgens het Pareto-optimum, d.w.z. of het mogelijk is de situatie van de ene agent te verbeteren zonder die van de andere te schaden.

Ernst Friedrich Ferdinand Zermelo

De moderne literatuur over speltheorie erkent ten volle dat de eerste formele stelling van de speltheorie in 1913 werd geformuleerd door Ernst Friedrich Ferdinand Zermelo (Duits wiskundige, 1871 – 1953). Deze stelling is door vele auteurs overgenomen en op verschillende manieren geïnterpreteerd. De versie van Mas Colell et al. uit 1995 stelt in wezen dat in elk perfect geïnformeerd (elke speler kent alle strategieën en uitbetalingsfuncties van alle andere spelers) vast spel (waarbij het aantal ronden vooraf bekend is) een evenwicht bestaat dat later bekend zou worden als het Nash-evenwicht.

Het Nash-evenwicht bestaat uit zuivere strategieën – sequenties van acties waarvan bekend is dat een speler ze telkens kiest wanneer hij waarschijnlijk zal spelen – en wordt verkregen door omgekeerde inductie. Hierbij worden de optimale strategieën van de spelers in de laatste ronde van het spel bepaald. Met andere woorden, we redeneren door terug te werken van de laatste ronde van het spel naar de eerste, waarbij we de beste strategieën van de spelers in elke fase van het spel bepalen. Dit concept wordt later geïllustreerd.

Émile Borel

Terwijl met alle voorgaande bijdragen eenvoudige spellen (d.w.z. spellen met zuivere strategieën) konden worden opgelost, vormt de bijdrage van de Franse wiskundige Émile Borel (1871 – 1956) een keerpunt voor de speltheorie vanaf 1921. In deel IV van zijn boek "Treaty

of the Calculation of Probabilities and its Applications"
(1924 – 1934) introduceert de auteur waarschijnlijkhe-
den in kansspelen en beveelt hij het minimax theorema
aan voor zero-sum games, waarbij winst voor de ene
speler verlies betekent voor de andere. In hetzelfde boek
maakt de auteur ook een onderscheid tussen twee
verschillende categorieën kansspelen:

- De eerste omvat spellen waarbij de persoonlijkheid
  en het vaardigheidsniveau van de speler geen rol
  spelen.

- De tweede categorie betreft spellen waarbij zowel
  geluk als de vaardigheden van de speler van invloed
  zijn. Deze categorie vertoont overeenkomsten met
  economische verschijnselen.

 **GOED OM TE WETEN: DE MINIMAX-STELLING,
OF FUNDAMENTELE STELLING VAN DE TWEE-SPELER
SPELTHEORIE**

Deze stelling werd geschetst door Émile Borel in 1921,
maar het eerste volledige bewijs werd pas enkele
jaren later (1928) geleverd door de Amerikaanse wiskundige John von Neumann. Borel stelde dat in een
niet-coöperatief spel (een spel waarin alle strategische opties voor de spelers gespecificeerd zijn) tussen twee spelers, met perfecte informatie, met een
vast aantal zuivere strategieën en zero-sum (de winst
van de een is het verlies van de ander), er ten minste
een evenwicht is waarbij geen van de spelers een prik-
kel heeft om af te wijken van zijn gemengde strategie

(waarschijnlijkheidsverdeling van de zuivere strategieën van een speler).

Deze stelling is zeer belangrijk in de speltheorie, omdat zij een rationele methode biedt voor het nemen van gelijktijdige beslissingen in een concurrerende omgeving (een zero-sum game).

John von Neumann en Oskar Morgenstern…

De speltheorie kwam in 1944 echt op als een volwaardige discipline onder impuls van de Amerikaanse wiskundige John von Neumann (1903 - 1957) en de Duitse econoom Oskar Morgenstern (1902 - 1977). Samen schreven zij het boek "Theory of Games and Economic Behavior" dat bijdroeg aan de indrukwekkende ontwikkeling van deze discipline, vooral wat betreft het menselijke gedrag. In dit boek boden de auteurs een evenwichtsoplossing voor het bijzondere geval van een nulsomspel. Schaken is bijvoorbeeld een spel met twee spelers en heeft als kenmerk dat winst voor de ene speler overeenkomt met verlies voor de andere.

John Forbes Nash en zijn opvolgers

Het werk van de Amerikaanse econoom en wiskundige John Forbes Nash versterkte de basis van de speltheorie in 1950. Hij kwam met een evenwichtsoplossing voor niet-nulsomspellen. Daartoe baseerde hij zijn ideeën op het werk van Cournot uit 1838 en ontwikkelde hij een niet-coöperatieve evenwichtstheorie voor variabelesomspellen. Deze theorie veralgemeende de oplossing die in 1944 door von Neumann en Morgenstern werd voorgesteld.

In 1965 leverde de Duitse econoom Reinhard Selten (1930 – 2016) zijn bijdrage aan dit domein door het begrip *subgame perfect equilibrium* te introduceren.

Ook de Hongaars-Amerikaanse econoom John Charles Harsanyi (1920 – 2000) heeft een belangrijke bijdrage geleverd aan de speltheorie met zijn gedetailleerde analyse van onvolledige-informatiespellen, bekend als Bayesiaanse spellen. Hij populariseerde ook het zeer theoretische concept van het Nash-evenwicht in een lang artikel dat in 1967 werd gepubliceerd.

Ten slotte systematiseerde de Canadese wiskundige Donald Bruce Gillies (1928 – 1975) het algemeen evenwicht, met de *Edgeworth Box* als uitgangspunt.

 ## GOED OM TE WETEN: NASH-EVENWICHT

Het Nash-evenwicht is een evenwichtssituatie waarin geen enkele speler er belang bij heeft zijn eigen strategie te wijzigen, rekening houdend met de strategie van de andere speler.

Sinds de jaren 1970 en 1980 heeft de speltheorie binnen de wiskunde een aanzienlijke evolutie doorgemaakt. Het is nu een tak van zowel economie als wiskunde, hoewel het, zoals gezegd, ook kan worden toegepast op een reeks sociale, medische, politieke en economische problemen.

Als bewijs van het belang van deze discipline hebben verschillende speltheoretici de afgelopen jaren de Nobelprijs voor economische wetenschappen gekregen:

- John Charles Harsanyi, John Forbes Nash en Reinhard Selten in 1994

- de Amerikaanse econoom Thomas Schelling (1921 – 2016) en de Israëlische econoom Robert Aumann (geboren in 1930) in 2005

- de Amerikaanse economen Lloyd Shapley (1923 – 2016) en Alvin E. Roth (geboren in 1951) in 2012

PRESENTATIE VAN DE SPELTHEORIE

De hypothesen die de speltheorie ondersteunen zijn de volgende:

- De rationaliteit van de agenten (spelers) die hen ertoe aanzet de best mogelijke oplossing voor zichzelf te bereiken, wordt gemeten met het zogenaamde nut.

- Elke speler kent alle strategieën en uitbetalingsfuncties van alle andere spelers (volledige informatie).

- Alle deelnemers nemen de beste beslissingen voor zichzelf met het doel hun nut (in het geval van individuen) of hun winst (in het geval van bedrijven) te maximaliseren, wetende dat anderen hetzelfde doen.

- De in het verleden gemaakte keuzes zijn bij alle deelnemers bekend.

Spelformaliteiten

Een strategiespel wordt gekenmerkt door een reeks spelregels die specificeren:

- de spelers

- de strategieën (acties of beslissingen)

- de opeenvolging van beslissingen (spelverloop)

- de uitbetalingen of het nut van de spelers (afhankelijk van hun strategieën). Het nut is geen maatstaf voor materiële, monetaire of andere beloningen, maar een subjectieve maatstaf voor de tevredenheid van de spelers

- de informatie waarover de spelers beschikken. Deze informatie kan volledig (perfect) of onvolledig (imperfect) zijn

Soorten spelletjes

Er zijn vele soorten spelletjes:

- zero-sum games of strikt competitieve non-zerosum games

- spellen met gelijktijdige beslissingen of sequentiële beslissingen

- coöperatieve of niet-coöperatieve spelletjes

- spellen voor twee spelers of spellen voor meer dan twee spelers

- spellen met perfecte informatie of spellen met imperfecte informatie
- statische spelen (één ronde), vaste spelen (meerdere ronden) of oneindige spelen

Soorten strategieën

- <u>zuivere strategie</u>: een opeenvolging van acties die een speler elke keer dat hij speelt weet te kiezen
- <u>gemengde strategie</u>: kansverdeling van de zuivere strategieën van een speler
- <u>zwak dominante strategie</u>: strategie X is zwak dominant voor speler Y als er een andere strategie is, X', die een lagere of gelijke uitbetaling voor speler Y biedt
- <u>zwak gedomineerde strategie</u>: strategie X is zwak gedomineerd voor speler Y als er een andere strategie, X', is die een hogere of gelijke uitbetaling voor speler Y biedt
- <u>strikt dominante strategie</u>: strategie X is strikt dominant voor speler Y als er geen andere strategie, X', is die een strikt hogere uitbetaling voor speler Y biedt
- <u>strikt gedomineerde strategie</u>: strategie X is strikt gedomineerd voor speler Y als er een andere strategie is, X', die een strikt hogere uitbetaling voor speler Y biedt

SPELVOORBEELDEN

Beschouw het volgende spel: twee spelers (speler 1 en speler 2) besluiten tegen elkaar te spelen.

- Speler 1 strategieën: X en Y
- Speler 2 strategieën: U en V
- Volgorde van beslissingen: speler 1, dan speler 2
- Uitbetalingen: de uitbetalingsmatrix wordt weergegeven door *a* en *b*, waarbij *a* de uitbetalingen van speler 1 en *b* de uitbetalingen van speler 2 weergeeft.
  - Als speler 1 voor X kiest en speler 2 voor U:
    - Speler 1 uitbetaling: 4
    - Speler 2 uitbetaling: 2
  - Als speler 1 voor X kiest en speler 2 voor V:
    - Speler 1 uitbetaling: 3
    - Speler 2 uitbetaling: 1
  - Als speler 1 voor Y kiest en speler 2 voor U:
    - Speler 1 uitbetaling: 2
    - Speler 2 uitbetaling: 5
  - Als speler 1 voor Y kiest en speler 2 voor V:
    - Speler 1 uitbetaling: 9
    - Speler 2 uitbetaling: 0

Als we de hypothese aanvaarden dat beide spelers over volledige informatie beschikken, zijn er twee mogelijke manieren om dit spel voor te stellen:

- uitgebreide vorm, beter geschikt voor sequentiële beslissingsspellen

- strategische vorm, beter geschikt voor statische spellen met gelijktijdige beslissingen

Elke uitgebreide vorm komt overeen met een strategiespel waarin de spelers tegelijkertijd hun strategieën kiezen. Anderzijds kan een strategiespel overeenkomen met vele verschillende uitgebreide vormen.

Opeenvolgende eliminatie van gedomineerde strategieën

Om te bepalen welke strategieën door speler 1 en speler 2 zullen worden gespeeld, moeten we de dominante strategieën van elke speler bepalen.

Speler 2

- als speler 1 X kiest, is de beste keuze voor speler 2 U, omdat bij deze keuze zijn uitbetaling 2 zal zijn (tegenover 1 als hij V kiest)

- als speler 1 Y kiest, is de beste keuze voor speler 2 U, omdat bij deze keuze zijn uitbetaling 5 zal zijn (tegenover 0 als hij V kiest).

Voor speler 2 domineert strategie U strikt de strategie V omdat die speler 2 in beide situaties een betere uitbetaling biedt.

Door de strategie V van speler 2 (strikt gedomineerd omdat hij hoe dan ook verliest) te elimineren, kan het spel als volgt worden voorgesteld:

Speler 1

Gegeven dat speler 2 zijn strikt dominante strategie U kiest, is de beste keuze voor speler 1 X omdat met deze keuze zijn payoff 4 zal zijn (vergeleken met 2 als hij Y kiest).

Voor speler 1 is strategie X dominant omdat die een betere uitbetaling biedt.

Door de gedomineerde strategie van speler 1 (de strategie waarbij hij het meeste verliest) te elimineren, kan het spel als volgt worden voorgesteld:

De situatie X, U komt overeen met het Nash-evenwicht.

Nash-evenwicht

Het Nash-evenwicht is een situatie waarin geen enkele speler zijn strategie wenst te wijzigen in het licht van de door de andere spelers gekozen strategieën. Aangezien zij strategisch handelen, zal elke speler zijn beste antwoord spelen, afhankelijk van de strategieën van de andere spelers.

Het Nash-evenwicht wordt bepaald door de iteratieve (opeenvolgende) eliminatie van gedomineerde strategieën, aangezien deze strategieën nooit door de spelers worden gespeeld (vanwege hun rationaliteit).

In ons voorbeeld komt het Nash-evenwicht overeen met de strategieën:

- X voor speler 1

- U voor speler 2

De bijbehorende uitbetalingen zijn als volgt:

- speler 1 uitbetaling: 4

- speler 2 uitbetaling: 2

 ## GOED OM TE WETEN: HET ELIMINEREN VAN GEDOMINEERDE STRATEGIEËN

Een spel kan worden opgelost door de herhalende eliminatie van de gedomineerde strategieën, zodat aan het eind van het proces voor elke speler slechts één strategie (uniek profiel) overblijft. Het Nash-evenwicht bestaat uit die verkregen strategieën.

Het evenwicht dat wordt bereikt door de opeenvolgende eliminatie van (strikt) gedomineerde strategieën hangt niet af van de volgorde waarin deze strategieën worden geëlimineerd. Anderzijds kan een ander evenwicht worden verkregen door het elimineren van de zwak gedomineerde strategieën. Het Nash-evenwicht verkregen door de opeenvolgende eliminatie van strikt gedomineerde strategieën is robuuster dan het evenwicht verkregen door de herhalende eliminatie van zwak gedomineerde strategieën.

In sommige gevallen kan het spel niet worden opgelost.

Pareto-optimum

Een spel van zuivere strategieën kan meerdere Nash-evenwichten of helemaal geen evenwichten hebben. In dat geval is het probleem te weten hoe één bepaald evenwicht te kiezen.

Het optimum van Pareto toont aan dat strategieprofiel A profielstrategie B domineert als A strikt beter is voor alle spelers.

 ## Goed om te weten: beveiligingsniveau

Het veiligheidsniveau van de strategie van een speler wordt gedefinieerd als de minimale uitbetaling die de strategie kan opleveren, ongeacht de keuzes van andere spelers. Het veiligheidsniveau X van speler Y is het maximale veiligheidsniveau van de strategieën van speler Y.

In het geval van ons voorbeeld:

het veiligheidsniveau van strategie X van speler 1 is 3;

het veiligheidsniveau van strategie Y van speler 1 is 2;

het veiligheidsniveau van strategie U van speler 2 is 2;

het veiligheidsniveau van strategie V van speler 2 is 0.

Het veiligheidsniveau van speler 1 is dus 3, terwijl dat van speler 2, 2 is.

Gemengde strategieën

De tot nu toe gedefinieerde en gebruikte strategieën zijn zuivere strategieën (opties voor de spelers).

Zoals hierboven uitgelegd is een gemengde strategie de kansverdeling over alle zuivere strategieën. De spelers kiezen willekeurig hun strategieën met een bepaalde waarschijnlijkheid.

Om dit te illustreren kunnen we het spel uit het vorige voorbeeld nemen en aannemen dat speler 1 deze keer willekeurig X en Y speelt met een waarschijnlijkheid van ½ (0,5) en dat speler 2 hetzelfde doet.

- Strategische vorm van *mixed strategy games*: één op de twee keer (0,5 of ½) kiest speler 1 voor strategie X en één op de twee keer (0,5 of ½) voor strategie Y. Speler 2 doet hetzelfde.

- Verwachte uitbetalingen:

  o als speler 2 U kiest, zijn de verwachte uitbetalin-gen van speler 1 (0,5 x 4) + (0,5 x 2) = 3

  o als speler 2 V kiest, zijn de verwachte uitbetalin-gen van speler 1 (0,5 x 3) + (0,5 x 9) = 6

  o als speler 1 X kiest, zijn de verwachte uitbetalingen van speler 2 (0,5 x 2) + (0,5 x 1) = 1,5

  o als speler 1 Y kiest, zijn de verwachte uitbetalingen van speler 2 (0,5 x 5) + (0,5 x 0) = 2,5

- Nash-evenwicht in gemengde strategieën: elke speler kiest de strategie waarmee hij zijn uitbetaling kan maximaliseren. In het Nash-evenwicht uit ons voorbeeld kiest speler 1 voor Y met een waarschijnlijkheid van ½ (0,5) en speler 2 voor strategie V met een waarschijnlijkheid van ½ (0,5). De verwachte uitbetalingen voor de twee spelers zijn 6 voor speler 1 en 2,5 voor speler 2. Het theorema van Nash is hier van toepassing, aangezien elk strategiespel een Nash-evenwicht heeft voor gemengde strategieën.

HET DILEMMA VAN DE GEVANGENE

Verschillende concepten in de speltheorie kunnen worden bestudeerd aan de hand van één voorbeeld, het dilemma van de gevangene. De eerste versie van het gevangenendilemma werd in 1950 gepresenteerd door onderzoekers van de RAND Corporation (de in 1945 opgerichte afdeling Onderzoek en Ontwikkeling van de Amerikaanse luchtmacht). Het helpt de wapenwedloop te verklaren, maar ook het proces van nucleaire ontwapening.

Het verhaal achter het gevangenendilemma

Twee dieven worden door de politie gearresteerd en afzonderlijk verhoord. De politie is ervan overtuigd dat ze schuldig zijn, maar heeft nog niet voldoende bewijs om een lange gevangenisstraf uit te spreken. Onderling hebben de dieven vóór de arrestatie gezworen elkaar niet te verraden. De politie, die meer dan alles wil om de twee mannen te laten bekennen, belooft vrijheid aan degene die spreekt, als hij de enige is die dat doet. Zo ontstaat een dilemma: aan de ene kant weten de gevangenen dat ze slechts een kleine straf zullen krijgen als ze niet aan de politie bekennen. Anderzijds zijn beiden individueel geneigd de misdaad te bekennen om de vrijheid te verkrijgen.

Strategische vorm van het gevangenendilemma

In dit geval hebben de twee spelers (dieven) de keuze tussen twee strategieën: ontkennen of bekennen. Elk vakje bevat de uitbetalingen voor de twee spelers. Het eerste cijfer komt overeen met het resultaat van speler 1 en het tweede cijfer is het resultaat van speler 2. Volgens afspraak is het aantal jaren gevangenisstraf hier als negatief geschreven omdat het een verlies aan nut vertegenwoordigt. Het doel van elke speler is het aantal jaren in de gevangenis te minimaliseren.

Dominante strategieën van de twee spelers

- Als speler 2 verkiest te ontkennen, is het in het belang van speler 1 om te bekennen om een jaar gevangenisstraf te vermijden en dus vrij te zijn.

- Als speler 2 ervoor kiest te bekennen, is het in het belang van speler 1 om te bekennen en slechts 4 jaar gevangenisstraf te krijgen in plaats van 5 jaar als hij ontkent.

- Als speler 1 verkiest te ontkennen, is het in het belang van speler 2 om te bekennen om een jaar gevangenis te vermijden en dus vrij te zijn.

- Als speler 1 verkiest te bekennen, is het in het belang van speler 2 om te bekennen en slechts 4 jaar gevangenisstraf te krijgen in plaats van 5 jaar als hij ontkent.

Hier is "bekennen" een dominante strategie voor beide spelers. Wat de ene speler ook kiest, de andere krijgt altijd een beter resultaat door zijn medeplichtige aan te geven. Dit wordt het Nash-evenwicht genoemd.

Nash-evenwicht van het gevangenendilemma

De logische oplossing van het spel (Nash-evenwicht) zou zijn dat elke speler de ander aanklaagt: elk van hen zou dan worden veroordeeld tot vier jaar gevangenisstraf. Omgekeerd, door samen te werken (door beiden te zwijgen), zouden ze beiden slechts één jaar gevangenisstraf krijgen. Het dilemma van de gevangene illustreert het conflict tussen collectief welzijn als gevolg van samenwerking en individuele prikkels om dat niet te doen. In een situatie waarin een van de twee spelers niet zeker is van de bedoelingen van de ander, is het in zijn belang, in naam van de individuele rationaliteit, om te kiezen voor een bekentenis, ook al raadt het collectieve belang hem aan te ontkennen. Vandaar het belang van sociale wetten, normen en regels die een zekere samenwerking opleggen.

GRENZEN EN UITBREIDINGEN VAN HET MODEL

GRENZEN EN KRITIEK VAN HET MODEL

De beperkingen en kritiek van de speltheorie zijn talrijk en betreffen het concept zelf van het spel, het concept van evenwicht en de mogelijke toepassingen van deze theorie.

Concept van het spel

Speltheoretici gebruiken het woord spel voor elk compleet model dat bestaat uit een lijst van individuen (spelers), een verzameling strategieën en uitbetalingen. De term spel verwijst niet naar een symbolische activiteit die voor de lol wordt gedaan, maar naar een reeks beperkingen met betrekking tot een vraagstuk.

Het begrip Nash-evenwicht

In het dagelijks leven worden evenwichten doorgaans gezien als rusttoestanden die worden bereikt door systemen die eerder in beweging waren. In de speltheorie wordt het woord evenwicht echter gebruikt om het belangrijkste concept te beschrijven, namelijk het Nash-evenwicht. Dit evenwicht wordt bereikt doordat elke speler correct anticipeert op wat de anderen waarschijnlijk zullen doen. Aangezien de keuzes gelijktijdig worden gemaakt, heeft het idee van een proces dat door opeenvolgende wijzigingen van de anticipaties tot een evenwicht leidt, in dit geval geen zin. Het is dus te moeilijk om aan evenwicht te denken zonder aan een of andere vorm van dynamiek te denken.

Wij kunnen dit illustreren met behulp van het duopoliemodel van Cournot, dat een voorloper is van het Nash-evenwicht. In dit beroemde model van imperfecte concurrentie (een marktstructuur die wordt gekenmerkt door fabrikanten die andere prijzen kunnen vaststellen dan die op de markt) doet elk bedrijf een aanbod door te anticiperen op het aanbod van de ander. Zonder iets over de concurrentie te weten, gaat het bedrijf ervan uit dat wanneer zijn keuze eenmaal is gemaakt, het andere bedrijf niet van gedachten zal veranderen. Het evenwicht van Cournot is zodanig dat elk bedrijf zijn aanbod doet door precies te voorspellen wat de ander zal doen. Bijgevolg wordt niet alleen de dynamiek die tot een evenwicht leidt niet vastgesteld, maar zal een evenwichtsoplossing nooit worden bereikt, behalve in bijzondere gevallen waarin de onderneming bij toeval op het aanbod van de ander stuit.

De kritiek kan ook worden uitgebreid tot een ander niet-coöperatief evenwichtsmodel, het duopolie van Joseph Louis François Bertrand (Frans wiskundige en econoom, 1822 – 1900), waarin ondernemingen strategieën voorstellen die gebaseerd zijn op de prijs. Het is met name duidelijk dat het Nash-evenwicht nooit tot stand komt omdat de twee ondernemingen dezelfde prijs vaststellen die gelijk is aan de gemiddelde kosten (die constant worden verondersteld). Aangezien hun winst bij deze prijs nul is, is het in beider belang om een prijs boven de kostprijs te bieden en dus 50% kans te hebben op een winst die strikt positief is (in plaats van nul). Bijgevolg kiest geen van beiden voor de Nash-evenwichtsoplossing.

Een ander punt dat een probleem veroorzaakt met het Nash-evenwicht is het feit dat een speler zijn strategie niet kan veranderen als het spel eenmaal begonnen is. Ook dit aspect is een beperking van de theorie.

Toepassingen van de speltheorie

Terugkomend op de hierboven geschetste definitie van speltheorie, is het zeer moeilijk deze theorie toe te passen op reële situaties. Het is namelijk vrijwel onmogelijk om voorbeelden te vinden van situaties die in verband kunnen worden gebracht met het gevangenen-dilemma. Individuele keuzes worden namelijk grotendeels beïnvloed door het waardesysteem dat voortvloeit uit opvoeding en cultuur. Aangezien deze niet in het dagelijks leven kunnen worden waargenomen, worden de spelomstandigheden in het laboratorium gecreëerd. De speltheorie is daarom moeilijk toe te passen op de werkelijkheid, zelfs in een context die er aanvankelijk gunstig voor lijkt (interactie).

Tenslotte zijn velen, waaronder de Franse econoom Bernard Guerrien, van mening dat de speltheorie in het algemeen niets oplost en de spelers niets te bieden heeft. Zij vestigt vooral de aandacht op de problemen die ontstaan door individuele keuzes in interactie, wanneer alle veronderstellingen van het model zijn gespecificeerd. Voorzichtigheid is dus geboden met dit experimentele economische instrument.

UITBREIDINGEN EN VERWANTE MODELLEN

Alle bovengenoemde beperkingen en kritiek op de spel-theorie vloeien voornamelijk voort uit het feit dat zij slechts betrekking heeft op een enkel spel van één ronde waarin de spelers niet samenwerken. Wat gebeurt er als de spelers samenwerken en de interacties tussen hen meerdere malen worden herhaald?

Intuïtief kan samenwerking gemakkelijker tot stand komen als gevolg van hernieuwde interacties. Dit wordt herhaald spel genoemd. Waarom biedt je bloemist je dezelfde prijs voor een goed boeket bloemen als hij je een boeket van mindere kwaliteit kan geven dat hij goedkoper heeft gekocht? Waarschijnlijk omdat hij hoopt dat je in de toekomst terugkomt. Door terug te keren naar zijn winkel, werk je mee als consument.

Herhaalde spellen introduceren een krachtig motief voor samenwerking. Samenwerken in de eerste ronde stimu-leert samenwerking in de volgende ronde. Deze motiva-tie bestaat niet in statische spellen met één ronde.

Er zijn twee soorten herhaalde spellen:

- die waarvan het einde met zekerheid bekend is
- die waarvan het einde onbekend is

Dit onderscheid is belangrijk, want het leidt tot verschillende implicaties in termen van speltheorie.

Set spelletjes

Belangrijk bij dit type spel is het einde, dat de spelers van tevoren weten. De spelers kennen ook de resultaten van eerdere rondes. Het Nash-evenwicht wordt bepaald door wat bekend staat als omgekeerde inductie.

 **GOED OM TE WETEN: OMGEKEERDE INDUCTIE**

Het idee is om de beste strategieën van de spelers in de laatste ronde van het spel te bepalen. Van daaruit is het mogelijk terug te werken van de laatste ronde van het spel naar de eerste.

In het eerder geschetste voorbeeld van het dilemma van de gevangene kan worden nagegaan wat er gebeurt als het spel een bepaald aantal keren wordt herhaald.

In de laatste ronde (T), gegeven dat het spel eindigt, is de beste strategie voor elke speler vanuit het oogpunt van individuele rationaliteit om te bekennen (hetzelfde resultaat als in een statisch spel). Het Nash-evenwicht is dus vastgesteld (bekennen, bekennen).

In ronde T-1 (voorlaatste ronde) is het nog steeds in het belang van de spelers om samen te werken omdat ze weten dat er nog een ronde komt. We weten echter dat samenwerking hier niet mogelijk is. In ronde T-1 is er dus ook geen voordeel om samen te werken en vinden we opnieuw het Nash-evenwicht (bekennen, bekennen). Wat waar is in T-1 is ook waar in T-2, en zo verder tot de eerste ronde. Door achterwaartse inductie kan worden aangetoond dat de spelers in elke fase voor de strategie "bekennen" zullen kiezen. Dit resultaat kan worden ver- klaard door het feit dat de spelers anticiperen op wat er zal gebeuren.

Oneindige spelletjes

Er zijn twee soorten oneindige spellen:

- die waarbij de partijen oneindig blijven spelen (onbe- perkt in de tijd)

- die, meer realistisch, waar het spel onverwacht (wille- keurig) stopt

In het geval van een set spellen is het mogelijk het Nash-evenwicht te bepalen door omgekeerde inductie, omdat het voldoende is te anticiperen op de keuzes van de spelers in ronde T. In een oneindig spel gaat deze redenering niet meer op, omdat er veel mogelijke stra- tegieën zijn en dus een veelvoud aan evenwichten.

Een centraal resultaat van de speltheorie, dat het ken- nen waard is maar dat wij hier niet zullen demonstreren vanwege de complexiteit ervan, is het volgende: als de agenten geduldig genoeg zijn, zijn strategieën met fasen van wederzijdse samenwerking Nash-evenwichten.

We kunnen proberen dit centrale resultaat in de speltheorie te begrijpen in het licht van het gevangenendilemma dat oneindig vaak wordt herhaald.

Bij evenwicht zijn drie paren van strategieën mogelijk:

- Speler 1 en speler 2 kiezen beide altijd voor belijdenis. Gezien de bevindingen in de voorgaande hoofdstukken weten we dat dit evenwicht van beperkte waarde is.

- De twee spelers komen overeen te ontkennen. Zodra een speler afwijkt van de afspraak, reageert de ander door steeds te kiezen voor bekennen.

- De overeenkomst "oog om oog, tand om tand", volgens welke de bekentenis van de ene speler wordt bestraft door de andere, die net zo vaak bekent als nodig is om dezelfde schade toe te brengen (jarenlange gevangenisstraf). Als speler 1 dus bekent, zal ook speler 2 ervoor kiezen te bekennen om hem niet van zijn vrijheid te laten profiteren.

De overeenkomst die het meest geloofwaardig en voor iedereen het gunstigst lijkt, is "oog om oog, tand om tand". Dit resultaat geldt ongeacht de persoon die de straf toekent. Op die manier kan het geloof in intrinsieke, goddelijke of aardse rechtvaardigheid een factor van coördinatie en stabiliteit zijn op dezelfde manier als de dreiging van de tegenstander. Het is interessant op te merken dat als beide spelers rationeel zijn, zij niet van de overeenkomst zullen afwijken en de straf dus niet zal worden toegepast.

TOEPASSINGEN VAN HET CONCEPT: HET POLITIEKE SPECTRUM

Stel dat in een land de politieke meningen gelijkmatig verdeeld zijn op een as van uiterst links tot uiterst rechts, en dat twee partijen (A en B) zich bij de verkiezingen politiek moeten positioneren om zoveel mogelijk stemmen te winnen.

Stel tenslotte dat de partijen na elkaar de politieke arena betreden en dat de kiezers stemmen op de partij die het dichtst bij hun zorgen staat.

GEVAL 1

Als de eerste partij (A) zich links opstelt, zal de tweede (B) zich ook links opstellen, maar iets rechts van de eerste partij, zodat zij enkele kiezers van centrumlinks, midden en rechts kan verzamelen en zo de verkiezingen kan winnen.

De tweede partij (B) krijgt de stemmen van de kiezers rechts van haar en de helft van de stemmen tussen haar en de eerste partij (A) links.

GEVAL 2

Als de eerste partij (A) zich rechts opstelt, is het in het belang van de tweede partij (B) om zich ook rechts op te stellen, maar iets links van de eerste partij om de verkiezingen te winnen.

Net als in het eerste scenario zal partij B het winnen van partij A.

Beide partijen zouden zich dus in het centrum van het politieke spectrum moeten situeren. Dit resultaat is verre van theoretisch, want het komt redelijk overeen met de politieke situatie in de Verenigde Staten, waar het in het verleden soms moeilijk was een onderscheid te maken tussen Democraten en Republikeinen.

WAT ALS WE EEN ANDERE PARTIJ TOEVOEGEN?

Stel nu dat de twee politieke partijen weten dat een derde partij (C) van plan is het politieke spectrum van het land te betreden.

- Als de politieke situatie van het land is zoals in geval 1, moet de derde politieke partij zich iets rechts van partij B positioneren om bijna de helft van de stemmen te winnen.

- Als de politieke situatie van het land is zoals in geval 2, moet de derde partij zich iets links van partij B positioneren om bijna de helft van de stemmen te winnen.

Om deze twee onrendabele situaties te vermijden, moeten de twee eerste partijen, wanneer zij weten dat een derde partij de arena zal betreden, zich respectievelijk in het centrum van het electoraat rechts en het centrum van het electoraat links plaatsen. Hierdoor zullen zij elk de helft van de stemmen van het electoraat winnen.

Indien de derde politieke partij besluit om ondanks deze positionering de arena te betreden, zal zij een kwart van de stemmen (2/8) winnen door zich in het midden van het politieke spectrum te positioneren, terwijl de twee andere partijen elk 3/8 van de stemmen zullen hebben.

Wat wint de derde partij in deze situatie door zich in de politieke arena te begeven? Een buitenstaander zal ongetwijfeld zeggen dat daar geen belang bij is. De situatie ligt echter genuanceerder, want in sommige landen kan deze positionering een goede zet zijn. In een politiek systeem als dat van België bijvoorbeeld kan een minderheidspartij via afspraken met andere partijen toch deelnemen aan de regering.

SAMENVATTING

- Het begin van de analyse van kansspelen gaat terug tot de renaissance. Het werk van Antoine Augustin Cournot, Francis Ysidro Edgeworth, Ernst Friedrich Ferdinand Zermelo en Émile Borel heeft actief bijgedragen aan de definitie van deze theorie.

- De geboorte van de discipline gaat terug tot 1944, toen de basistekst "Theory of Games and Economic Behavior" van John Forbes Nash, John von Neumann en Oskar Morgenstern werd gepubliceerd.

- Het concept "evenwichtsoplossing voor nulsomspelen" werd in 1950 door Nash naar voren gebracht, en het "perfecte evenwicht in subspelen" werd in 1965 door Reinhard Selten voorgesteld. Charles Harsanyi populariseerde het concept van het Nash-evenwicht in 1967 en in hetzelfde decennium stelde Donald Bruce Gillies een systematisering van het algemene evenwicht voor. Vanaf de jaren 1970 en 1980 maakte de speltheorie een grote evolutie door en werden een aantal speltheoretici erkend via de Nobelprijs voor economische wetenschappen.

- De speltheorie is niet alleen een uitstekend hulpmiddel bij onderhandelingen, maar wil vooral aantonen dat individuen, bedrijven en landen onderling afhankelijk zijn en dat interactie gunstig is voor de oplossing van gemeenschappelijke problemen. Ze laat ook zien dat samenwerking niet gemakkelijk is, maar dat het in sommige gevallen beter is om samen te werken dan ruzie te maken.

- De reikwijdte van de speltheorie is ongelooflijk groot en is dagelijks te zien, met name in het politieke spectrum.

- De beperkingen en de kritiek op de speltheorie hebben betrekking op het concept van het spel (een verkeerd gebruik van de terminologie, aangezien het in dit geval wordt gebruikt om te verwijzen naar een reeks beperkingen in verband met een probleem en niet zozeer naar een plezierige activiteit), het Nash-evenwicht (aangezien er geen dynamisch proces is dat tot een evenwicht leidt) en de toepassingen van het model (het is bijna onmogelijk om toepassingen in het echte leven te vinden).

- Aangezien de critici van de speltheorie zich vooral concentreren op het feit dat zij zich beperkt tot eenvoudige spelletjes van één ronde waarin de spelers niet samenwerken, hebben speltheoretici het model aangevuld op basis van herhaalde spelletjes (set en oneindig), die de spelers aanzetten tot meer bereidwillige samenwerking.

- Hoewel de speltheorie niet op alle aspecten van het maatschappelijke leven kan worden toegepast, is zij nuttig in de geneeskunde, de politiek, de militaire strategie en de economie. Het zet ons aan om na te denken over de complexiteit van sociale interacties, waardoor we gebeurtenissen in perspectief kunnen plaatsen.

BIBLIOGRAFIE

Archives-ouvertes website:

http://hal.archives-ouvertes.fr/

Davis, M. (1974). *Introduction à la théorie des jeux*. Parijs: Armand Colin.

Encyclopédie Universalis website:

http://www.universalis.fr/

Friedman, J. (1990). *Game Theory with Applications to Economics*. Oxford: Oxford University Press.

Gabszewicz, J. (1970). *Théorie du noyau et de la concurrence imparfaite*. Leuven: Recherches Économiques de Louvain. Deel 36, blz. 21-37.

Giraud, G. (2000). *La Théorie des jeux*. Parijs: Flammarion.

Le Monde website:

http://www.lemonde.fr/

Moulin, H. & de Possel, R. (1979). *Fondations de la théorie des jeux*. Parijs: Hermann.

Ponssard, J.-P. (1977). *Logique de la négociation et théorie des jeux*. Parijs: Éditions d'Organisation.

Smith, J. M. (2002). *Evolution and the Theory of Games*. Cambridge: Cambridge University Press.

Thisse, J. F. (2004). *Théorie des jeux : une introduction*. Louvain-la-Neuve: Université catholique de Louvain.

Tirole, J. (1985). *Concurrence imparfaite*. Parijs: Economica.

Yildizoglu, M. (2011). *Introduction à la théorie des jeux. Handboek en gecorrigeerde oefeningen.* Parijs: Dunod.

AANVULLENDE BRONNEN

Kuhn, H. (2003). *Lectures on the Theory of Games.* Princeton: Princeton University Press/

Sorin, S. (2002). *A First Course on Zero-Sum Repeated Games.* Berlijn: Springer-Verlag.

Spaniel, W. (2011). *Game Theory 101: The Complete Textbook.* CreateSpace Independent Publishing Platform.

Talwalkar, P. (2014). *De vreugde van speltheorie: Een inleiding tot strategisch denken.* CreateSpace Independent Publishing Platform.

We horen graag van jou! Laat
een reactie achter op jouw online bibliotheek
en deel je favoriete boeken op social media!

MASLOW'S HIERARCHY OF NEEDS
Gain vital insights into how to motivate people
Personal accomplishment
Esteem
Belonging
Security
Physiologic
THE SWOT ANALYSIS
Internal Factors
Strengths
Weaknesses
SWOT
Opportunities
Threats
External Factors

Master ISBN: 9782808063937
Papier ISBN: 9782808064224
Wettelijk depot: D/2022/12603/67

Digitaal ontwerp: Primento,
de digitale partner van uitgevers.